PARIS

AU

JOUR LE JOUR

PAR

PIERRE ET JEAN

PARIS

AU

JOUR LE JOUR

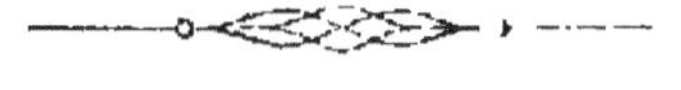

1ᵉʳ Février. — Mademoiselle Taglioni envoie son portrait à mademoiselle Emma Livry, avec ces mots, « Faites-moi oublier , — ne m'oubliez pas. »

Est-ce que les danseuses seraient meilleures camarades que les comédiennes?

Ce n'est pas mademoiselle Fargueil

qui en agirait ainsi avec mademoiselle Bressant!

Ni madame Arnould Plessy avec madame Madeleine Brohan!

Ni madame Doche avec mademoiselle Page!

Ni Laferrière avec Jenneval!

Ni — ni — ni. — C'est fini.

— Pensée mélancolique d'un prix de Rome :

Il n'y a que deux théâtres lyriques abordables à Paris; l'un joue les morts, l'autre joue les Belges!

— Nous avons énuméré dans notre dernier *Paris au jour le jour* la liste des pseudonymes divers que le public attribue à M. Henry de Pène.

Nemo nous écrit à ce propos :

Je vous remercie du certificat d'ubiquité que vous me donnez dans votre dernier numéro. C'est favorable à mon commerce de le montrer si achalandé. Je ne serai pas assez sot pour réclamer contre des erreurs qui me prêtent de l'importance. Ce qui est plaisant, c'est qu'elles me profitent, ces erreurs qui, justement, sont semées par des messieurs qui voudraient me faire perdre à leur bénéfice mes positions vraies, sous prétexte que j'en ai assez d'autres, — dans leur imagination.

Cordialement à vous,

HENRY DE PÈNE.

— Voici un mot qui nous arrive par la poste :

« On dit que le pape va faire rayer tous les canons de l'Église. »

— Les actionnaires de l'Opéra-Comique, en se recavant, ont fait quelques réformes économiques dans le personnel du théâtre. Le petit Trianon a été supprimé. — Les appointements de M. Nestor Roqueplan, qui étaient de 24,000 francs ont été réduits à 15,000. Mais fort heureusement sa part dans les bénéfices n'a subi aucune réduction.

2 Février. — Une jeune femme, qui a joué sans trop d'éclat la comédie au Palais-Royal, et qui a joué avec beaucoup d'éclat à la roulette de Hombourg, mademoiselle Rubenstein, épouse aujourd'hui M. Danican-Philidor, ex-inspecteur des théâtres, ex-directeur du théâtre de Marseille et petit-neveu du célèbre joueur d'échecs.

Le mariage se célèbre à Hombourg, où mademoiselle Rubenstein a acheté une propriété, et à ce propos voici ce qu'on raconte :

Entre le prix demandé par le vendeur et le prix offert par mademoiselle Rubenstein, il y avait une différence de quinze ou vingt mille francs. C'est M. Blanc, fermier des jeux de Hombourg, qui, à son insu, a payé cette différence. Et comme on s'étonnait d'une si grande générosité, M. Blanc, qui est le Sixte-Quint du trente et quarante, a répondu :

Mademoiselle Rubenstein a enlevé près d'un demi-million à ma banque. Si elle abandonne ce pays, je ne reverrai jamais mon argent. En lui facilitant les moyens de s'y fixer, je ne perds pas l'espoir de me refaire.

Depuis ses rafles merveilleuses sur le tapis vert de Hombourg, mademoiselle Rubenstein était « un très beau parti. » Il n'est pas surprenant qu'on ait demandé sa main. On demande toujours les mains pleines.

A cette heure, Mademoiselle Rubenstein est devenue madame Danican-Philidor.

Le jeu est fait, messieurs ; rien ne va plus.

— Aimez-vous les calembours? Non ; eh bien, nous allons, pour cette fois seulement, vous en servir un qui nous est envoyé de Lyon. Ah! M. W..., si vous recommencez, nous vous nommerons en toutes lettres ; ce sera votre punition et notre vengeance. Écoutez et frémissez :

« L'Académie française ne ressemble

» pas mal à un piano détraqué ; tout le
» monde veut *Lacordaire.* »

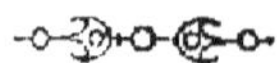

3 Février. — Jean Fétis, l'ex-co-
cher de Chinon, actuellement garçon de
café à Paris, adresse une lettre circulaire
aux chroniqueurs parisiens, les suppliant
de prendre sa défense. Il nous compare
à Voltaire et se compare à Calas. Attendu qu'il est encore moins Calas que nous
ne sommes Voltaire, nous passons à
l'ordre du jour.

Nous sommes curieux de voir si le
chroniqueur du *Constitutionnel*, le mys-
térieux Henri Desroches, accueillera la
requête du sieur Jean Fétis. — A propos,
Henri Desroches s'appelait, il y a un an.
Jacques Reynaud, ne s'est jamais appelé
madame Narisckine, et se nomme en
réalité la comtesse Dash.

— La *Revue anecdotique* nous fournit
ces détails qu'on lira avec intérêt :

Les trois plus beaux hôtels qu'on vient de bâtir dans le faubourg Saint-Honoré, sont ceux de M. Achille Fould, de M. Louis Fould et de leur sœur, madame Furtado.

Le premier ouvre sur la rue même du faubourg. Son architecte est M. Lefuel. On cite la salle à manger dont les pinceaux d'Appert et de Godefroy ont fait un ravissant ensemble de treillages, d'oiseaux, de fleurs et de fruits. Le salon a été peint par MM. Baudry et Maréchal (de Metz).

L'hôtel de M. Louis Fould est rue de Berri. Il a été bâti sous la direction de M. Labrouste dans le style de Louis XIII. Décorations sévères. Pas de peintures, mais une galerie splendide où se trouve réunie la collection de monnaies, de médailles et d'émaux.

L'hôtel Furtado, rue Valois du Roule est presque entièrement terminé. Style Louis XIV. Élevé par les soins de MM. Convens et Nolau, l'habile décorateur de l'Opéra. — Salle à manger tendue de magnifiques tapisseries du grand siècle. Le plafond, peint de façon à faire ressortir encore les tentures, est un petit tour de force; c'est à son auteur, Faustin Besson, qu'on doit également le plafond et les dessus de porte de la salle de bal. Les peintures du salon de famille sont de Lévy. Elles représentent les quatre Ages de l'homme et le Génie des arts et des sciences. — Salon de jeu décoré de fleurs et d'oiseaux, par Petit. — On cite encore un boudoir à coupole, orné de tentures de soie brodées tout exprès en Chine, remarquablement riches; un escalier pierre et stuc, avec plafond peint par Lévy, et une grande galerie formant serre au premier étage.

Madame Furtado passe pour avoir dirigé, avec un goût parfait, toute la partie artistique de la décoration de son hôtel.

— J'ai reçu une lettre d'invitation ainsi conçue :

« M. le comte et madame la comtesse Jules de X... resteront chez ELLE vendredi prochain et les vendredis suivants.»

Ce pauvre comte Jules de X...! qu'est-ce qui lui est donc arrivé, bon Dieu? C'est égal, lorsque je *la* verrai, ce pauvre comte, je *la* prierai d'agréer tous mes remercîments pour son aimable lettre.

— Un des rois de la finance, M. X..., s'est rendu aujourd'hui dans les bureaux de l'*Univers*, et a dit à M. Veuillot :

« Je suis un de vos lecteurs, et par conséquent un des admirateurs de votre talent. Si vous trouvez, pour créer un nouvel organe, une combinaison quelconque, je me mets sans réserve à votre disposition. Ce n'est pas à la légère que je vous fais cette offre. Ma caisse vous sera toujours ouverte et vous y pourrez puiser largement. »

Tandis que M. X... s'exprimait ainsi, avec la chaleur qui lui est naturelle, sa voix, montée au plus haut diapason, était couverte cependant par une autre voix tapageuse qui retentissait dans la pièce voisine.

Quand M. X... eut pris congé de M. Veuillot, celui-ci s'informa de la cause insolite de cette clameur; il apprit que c'était un abonné, qui, à cor et à cri, réclamait impérieusement le montant de quinze jours d'abonnement qui restaient à courir.

— Le R. P. Lacordaire a été élu hier membre de l'Académie française.

L'élection a eu lieu au premier tour de scrutin.

MM. de Carné, de Marcellus et Franz de Champagny ayant retiré leur candidature, six candidats restaient en présence: MM. E. Deschamps, Camille Doucet, Ph. Chasles, Mazères, Léon Halévy et le P. Lacordaire.

Les votes se sont ainsi répartis :

Le P. Lacordaire, 21 voix; M. Mazères, 7 ; M. Camille Doucet, 3 ; M. Léon Halévy, 3 ; M. Henri Martin, 1.

Le nombre des académiciens présents était de 35.

Les membres absents étaient MM. Dupin, le duc Pasquier, Mérimée et Victor Hugo

—Nous avons à enregistrer deux nominations de rédacteurs en chef.

M. Hippolyte Castille, las de faire des portraits, va poser lui-même en quali é d'autocrate politique et littéraire du *Courrier de Paris*. C'est aujourd'hui même qu'il prend possession du journal qu'il a déjà dirigé.

M. Achille Jubinal, rédacteur en chef *démissionnaire* du *Messager*, journal de M. Boulé, est enfin remplacé. Ce n'est pas, comme on en a fait courir le bruit, M. Doineau qui lui succède, mais bien M. Doinet, publiciste à la mode de Caen, engraissé dans les pâturages du Calvados; M. Doineau est gracié : M. Doinet, lui, ne fait que commencer sa peine; nous lui souhaitons de traîner son petit *Boulé* le plus légèrement possible.

Voici l'une des phrases de son manifeste:

« LA PRESSE NATIONALE DOIT ÊTRE REFLET ET LEVIER, C'EST SON PATRIOTISME. »

4 février. — Une deuxième rencontre a eu lieu à Meudon, entre M. Vaudin, homme de lettres, et M. Edmond About, auteur de la *Question romaine*. Au moment où l'on venait de croiser le fer, les témoins se sont entendus ; on s'est fait de mutuelles excuses, et les deux adversaires se sont serré cordialement la main.

Il y a encore de beaux jours pour la France !

— Le directeur du Théâtre-Déjazet, M. Eugène Déjazet, a l'exquise galanterie de convoquer la presse à la répétition générale d'une opérette en un acte de sa façon, intitulée : *Fanchette*.

C'est exactement comme si cet aimable

impressario invitait quarante personnes à venir manger chez lui leur part d'un artichaut.

La petite fête doit commencer à onze heures et demie très précises. A une heure et quart, on ne signale dans la salle que les deux Eliacins du journalisme théâtral, MM. Jules Prével, du *Figaro-Programme*, et Emile Abraham, de l'*Entr'acte*.

— Est-ce que nous allons répéter devant ces deux moutards de lettres? demandent les acteurs à leur directeur.

Sur la réponse négative de M. Eugène Déjazet, la petite fête est décommandée, et les deux critiques au biberon s'en vont tout joyeux faire une partie de billes sur le boulevard.

O l'heureux âge, celui où l'on a encore les goûts innocents de nos jeunes confrères et les naïves illusions de M. Eugène Déjazet!

— Eclipse du *Journal des Débats* visible à Paris et dans les départements.

M. Leverrier a suivi toutes les phases de cet intéressant phénomène. L'habile astronome a reconnu la présence d'un corps extrêmement opaque, — qui s'est trouvé être celui de M. Alloury, — interposé entre l'œil du lecteur et la région du *Bulletin politique*. Ce corps intercepte complétement l'esprit lumineux de M. Prévost-Paradol.

L'éclipse durera deux mois. La température du journal s'est si considérablement abaissée qu'on a des craintes sérieuses de retrouver les abonnés gelés sur leur fauteuil lorsque M. Prévost-Paradol émergera à l'horizon.

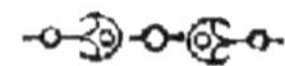

5 février. — Mort d'Antony Béraud, auteur du *Monstre* et ancien directeur de l'Ambigu.

Pendant les journées de juin, les grands journaux racontèrent le fait éclatant que voici : « Hier, le courageux Antony Béraud a lu une proclamation du général Cavaignac au milieu d'une *grêle de balles.* »

Le lendemain, on lisait dans un petit journal : « Nous ne doutons pas que notre héroïque confrère ait lu sa proclamation au milieu d'une grêle de balles ; nous demanderons seulement où il avait pris ses auditeurs. »

— Tout le monde sait que le *Constitutionnel* occupe, dans la rue de Valois, le rez-de-chaussée d'une grande maison, où sont situés les magasins de vente d'un facteur de pianos, M. Pape.

Depuis nos dissentiments avec la cour de Rome, on assure que M. Boniface, complétement brouillé avec le pouvoir temporel du Saint-Père, est en instance auprès de M. Mirès pour que le *Constitutionnel* donne congé et déménage au plus tôt.

— Dans la situation politique où nous sommes, dit-il, le *Constitutionnel* ne saurait, sans péril pour l'abonnement, avoir rien de commun avec un pape !

— Comme je passais dans la rue Le Peletier, je me suis amusé (on s'amuse comme on peut) à compter le nombre des Muses qui ornent la façade de l'Académie impériale de musique et de danse.

J'en ai compté dix.

J'ai demandé à mon compère Jean :

— Quelle est donc cette dixième Muse inconnue dans l'Olympe ?

— C'est la Muse de la subvention, a riposté mon compère. Observez que c'est la plus grasse.

Alphonse Royer à qui j'ai *Narrey* la chose, en dînant chez Grosse-Tête, m'a dit avec un soupir à la clef :

— Jean se trompe ; la Muse de la subvention est la plus maigre.

— Le compte rendu de l'opérette de M. Déjazet paraît ce matin dans l'*Entr'acte* et se termine par cette Lapalissade :

« Quand M. Eugène Déjazet LE VOUDRA, il composera un opéra-comique en trois actes. »

C'est incontestable. Et moi aussi j'en ferai un quand je voudrai. — Mais quel est l'audacieux qui nous jouera, M. Eugène Déjazet et moi?

— *La scène se passe au contrôle des Délas' Com'.*
— Avez-vous encore une place?
— Oui, monsieur, c'est cinq francs.
— Comment cinq francs!
— Certainement; c'est le fauteuil de MOSSIEU le directeur!

6 février. — L'illustre Rossini ne fait pas cuire son macaroni à la flamme de ses billets de banque; aussi n'avons-nous éprouvé aucune surprise en constatant que, de tous les membres de la commission des auteurs dramatiques, il est le seul qui n'ait pas souscrit en faveur de la petite-fille de Racine.

Un plus naïf lui ayant demandé le pourquoi de cette abstention :

2

— A quel titre aurais-je souscrit? a dit l'auteur de *Guillaume Tell*, je n'ai pas l'honneur d'être Français, moi. Je ne suis qu'un pauvre étranger.

Le plaisant de l'affaire, c'est que je reçois à l'instant une lettre circulaire, signée de tous les membres de la commission, où il est dit textuellement :

« La commission a pensé qu'une souscription, à laquelle la France et *l'étranger* s'empresseraient sans doute de prendre part, pouvait seule assurer à la petite-fille de Racine une dot d'autant plus précieuse qu'elle la devrait à la mémoire de son glorieux aïeul. »

Et parmi les signatures apposées au bas de cette lettre, je remarque celle de l'étranger Rossini.

« Elle est trop forte ! » comme disait ce pauvre Grassot.

— L'orchestre de l'Opéra répète, pour la première fois, la partition de *Pierre de Médicis*, du prince Poniatowski, et cette épreuve, très redoutée des compositeurs, est tout à l'avantage de l'œuvre nouvelle où l'on est unanime à reconnaître de grandes et sérieuses beautés.

On cite à ce propos ce mot d'un second violon :

— Tandis que tant de membres de l'Institut font de la véritable musique de prince, voilà un prince qui fait de la vraie musique de membre de l'Institut.

La mise en scène coûtera 130,000 fr. ; 30,000 francs de plus que celle de *la Magicienne* et que celle d'*Herculanum.*

Un des auteurs du poème de *Pierre de Médicis* est. M. Emilien Paccini, membre de la commission d'examen au ministère d'Etat, un de ceux qui manient le plus dextrement et aussi le plus férocement le redoutable crayon de la censure.

Or, il arrive ceci, et on vous laisse à penser la satisfaction qu'en éprouvent les auteurs qui ont eu à souffrir des rigueurs de M. Emilien Paccini : à son tour il est en butte aux atteintes du fatal crayon rouge, et ses collègues de la

commission d'examen le retiennent depuis quinze jours sur ce lit de Procuste,
où, la veille encore, il étendait MM. La-
biche, Delacour, Edouard Martin, Lambert Thiboust, Raymond Deslandes,
Choler et Siraudin, victimes ordinaires
de ses pudibondes susceptibilités.

— Fragment de dialogue surpris entre
deux jeunes financiers, hôtes habituels
du passage de l'Opéra, où chaque soir ils
se vendent à prime et s'achètent fin
courant toutes les valeurs (sans valeur)
mal cotées à la Bourse.

— Moi, je suis né pour être agent de
change. D'ici à quelques années tu me
verras monter au parquet.

— Au parquet du procureur impérial... je ne dis pas non.

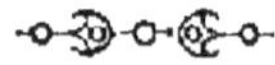

7 février. — Le fait suivant n'a pas
besoin de commentaires. M. About, ren-
contrant aujourd'hui MM. Edmond

Texier, Henri de la Madelène, Alfred Busquet et Casimir Daumas leur a tenu ce langage :

« Je crois que cela est assez bien travaillé ; je n'ai pas perdu mon temps ; j'ai fait retirer au *Figaro* sa vente sur la voie publique. »

Nos confrères restent froids devant cette déclaration. Puisque nous jouons à ce vilain petit jeu, voici notre réponse : Le *Figaro* vient d'intenter un procès à M. Edmond About et à M. Adolphe Guéroult pour articles diffamatoires publiés dans l'*Opinion nationale ;* nous demandons un franc de dommages et intérêts. On sait seulement que deux condamnations font supprimer un journal.

— En voyant quels petits pieds le dieu d'Israël a donnés à mademoiselle Dinah Félix, nous avions supposé qu'elle devait avoir un équipage. Cette supposition erronée nous vaut une très spirituelle lettre de la plus jeune sœur de mademoiselle Rachel. Jugez plutôt :

« Je vois seulement aujourd'hui mon nom dans un de vos numéros, à propos d'équipages stationnant à la porte du Vaudeville.

» Je suis bien touchée que, malgré ma longue absence de ce théâtre, vous vous soyez souvenu de moi. Permettez donc que je le reconnaisse, et veuillez accepter une place dans ma voiture : je vous donne rendez-vous demain, à une heure, au bureau des omnibus du passage de l'Opéra. Vous monterez dedans ou dessus, à votre choix.

» Votre bien dévouée et amie,

» DINAH FÉLIX. »

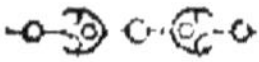

8 février. — Madame Danican, née Rubenstein, nous adresse de Hombourg's-Tripott la lettre suivante :

« Monsieur,

» Ne connaissant pas la personne qui signe Pierre et Jean (1), c'est à vous que je m'adresse, parce que vous êtes responsable de ce qui se passe chez vous (2). Je ne crois

(1) Vous y perdez, madame.
(2) Fichtra !

pas que vous ayez le droit de faire part de vos suppositions au public, surtout en nommant les masques (1). Je viens donc vous dire qu'il ne m'est pas agréable de prendre place dans vos colonnes (2), et surtout lorsque vous racontez des histoires à dormir debout (3). M. Blanc, payer la différence de ma maison achetée à Hombourg ! c'est une plaisanterie qui fera rire tous les gens qui le connaissent (4), et surtout sachant que cette maison n'est pas pour moi, mais pour ma mère (5)....

» Je ne sais où vous avez été prendre cette histoire (6). Je n'ai même pas eu la peine de marchander cette fameuse maison, attendu qu'on m'en avait demandé un prix très raisonnable (7). Vous voyez qu'on est mal renseigné chez vous (8).

(1) Ne sommes-nous pas en carnaval?
(2) Nous comprenons cela.
(3) Oh! c'est dur.
(4) Rubenstein, vous avez raison ! (musique de Nadaud.)
(5) Encore la croix de ma mère !!
(6) Chez André de Goy, dit l'abbé Faria, madame.
(7) Allons! tant mieux!
(8) Mais pas déjà si mal.

» Je reviens à la fin de votre article (1), qui est plus que peu convenable (2), et je vous préviens (3) que ne cherchant pas la publicité, bien au contraire (4), si la personne (5) qui se permet, sous le pseudonyme de Pierre et Jean, de raconter des histoires aussi merveilleuses que peu vraies (6) ne trouve pas moyen de réparer cette petite infamie (7), je me verrai forcée (8) de vous faire un petit procès en diffamation (9).

» J'ai l'honneur de vous saluer *encore* (10).

» RUBENSTEIN. »

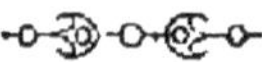

9 février. — L'honorable M. Blanc,

(1) C'est ça, revenons-y.
(2) Des in-so-len-ces! (Les *Deux Aveugles*.)
(3) Merci de ne pas nous prendre en traître.
(4) Nous le comprenons.
(5) Puisque nous venons de vous dire que nous sommes deux!
(6) Eh bien! si elles sont merveilleuses, qu'importe qu'elles ne soient pas tout à fait vraies?
(7) Ernestine, vous nous affligez.
(8) Par qui! grand Dieu
(9) Tout ce qui est petit est joli.
(10) Encore, est un mot de reproche.

de Hombourg, est venu se plaindre dans nos bureaux de ce qu'en parlant du mariage de mademoiselle Rubenstein, nous l'avions désigné sous le modeste titre de *fermier des jeux*. Il nous a expliqué que les jeux de Hombourg sont dirigés par une société composée de trois membres, qu'il n'est qu'un tiers de fermier et pas un entier. Vous ne comprenez pas la nuance, n'est-ce pas ? ni moi non plus.

Cependant, en cherchant bien, nous croyons avoir à peu près deviné le motif de la réclamation de l'honorable M. Blanc. Il a acheté le beau château de M. Place ; il possède des chasses superbes, et tout naturellement il reçoit des chasseurs. Les chasseurs sont un peu de l'école des joueurs, qui feraient parfaitement la partie avec un porteur d'eau si ce dernier avait beaucoup d'argent. Il ne serait pas impossible que l'honorable M. Blanc reçût, de loin en loin, la visite de quelques grands seigneurs disposés à lui faire l'honneur de chasser chez lui — de la main gauche ;

nous comprenons en ce cas que le titre de fermier des jeux sonne mal à son oreille. Ne voulant en rien blesser la susceptibilité de l'honorable M. Blanc, nous créons pour lui le titre suivant :

« Ministre plénipotentiaire près les jeux de Hombourg's-Tripott. »

—Sous ce titre : *La Caravane de Paris*, un nouveau journal hebdromadaire va paraître. Il aura pour rédactrices trois des femmes les plus spirituelles et les plus répandues de Paris. En tête des abonnés figurent, dit-on, les noms de MM. de Girardin, Paul de Saint-Victor et Sari. Nous rendrons compte du premier numéro de cette revue qui contiendra, dit-on, de curieuses révélations.

— M. Amédée Achard, de retour des chasses de Bade, va proposer un roman à M. Félix Solar, propriétaire et directeur du journal *la Presse*. Quand il apprend que ce roman est intitulé les *Mémoires d'un millionnaire*, Félix Solar s'écrie :

— Ah! çà, j'aime à penser que ce ne sont pas mes mémoires que vous allez raconter au public?

— Ne craignez rien, répond M. Amédée Achard; personne ne se reconnaîtra dans mon millionnaire. Les millions seuls seront ressemblants.

La publication du roman de M. Achard commencera le 1er avril. Ceci n'est pas un poisson.

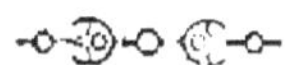

10 février. — M. Louis Veuillot part aujourd'hui pour Rome. Il est question de faire de lui un administrateur des chemins romains. C'est une idée de M. de Sacy, acceptée avec empressement par M. Mirès, et qui n'attend plus pour se réaliser que le consentement du saint Père, lequel ne peut être douteux.

Tout chemin mène à Rome, mais l'*Univers* est le train le plus direct.

S'il prenait fantaisie à M. About de retourner dans la ville éternelle, qu'il a quittée si précipitamment une première fois, il trouverait maintenant M. Veuillot tout prêt à recevoir et à reconduire le *bon jeune homme*.

> — Je vais revoir ma Normandie,
> C'est le pays qui m'a *Doinet* le tour.

Le nouveau rédacteur en chef du *Messager*, M. Doinet, est un jeune homme qui a bien du plaisir, et occupe une position bien agréable dans le journalisme de la rue Coq-Héron. Son traité lui interdit le droit de s'occuper de finance, d'industrie et de littérature. Borné au nord par le titre du journal, borné au sud par le feuilleton, borné partout, on lui abandonne les petites colonnes de la première page. Pour le reste c'est comme dans la chanson :

> Enfants, n'y touchez pas ! (*bis*).

Lorsque M. Doinet fut introduit dans la pièce obscure et mal meublée où M. Boulé relègue les heureux rédacteurs en chef de son choix, l'ex-journaliste du Calvados s'écria :

— Ce mobilier est insuffisant ; ce cabinet est inacceptable... et pas de bibliothèque !! Il est impossible de recevoir ici un ambassadeur ou un ministre !

Nous allons commettre une indiscrétion :

Touché de la justesse de ces plaintes, M. Boulé s'est adressé à un de nos peintres décorateurs les plus habiles, bien connu pour la perfection de ses trompe-l'œil, et déjà, dans une autre petite chambre de la maison, on voit se profiler sur la muraille droite un divan de toute beauté : un magnifique bureau lui fait face sur la muraille gauche. Toute la paroi du fond est occupée par une bibliothèque en relief, et comme M. Boulé ne regarde pas à la dépense lorsqu'il s'agit de réaliser les caprices de ses rédacteurs, on a, d'après ses ordres, représenté les raretés bibliographiques les plus précieuses, telles que :

La célèbre *Bible* sans date, attribuée à Guttemberg.

Le *Décaméron* de Boccace, Venise, 1471, volume acheté 56,512 fr. 50 c.

Le *Décrottoir de vanité*, par Dumont, Douai, 1581. In-16.

Le *Trésor de la cité des dames*, par Christine de Pisan. 1497. In-fol. goth. mar. bleu dent., à petits fers, tr. d. (Belle reliure de Beauzonnet-Trautz.)

Superbe exemplaire : édition précieuse et très rare. Le prince d'Essling ne la possédait pas.

L'*Historial du jongleur, chroniques et légendes françaises*. Paris, Didot. 1829.

Admirable exempl. sur pap. vel., avec fig. color. en or et en couleur.

Sur le riche divan dont nous avons déjà parlé, on aperçoit, jetées négligemment, une magnifique robe de chambre et une calotte grecque brodée en or extra-fin, qui ne coûterait pas moins de 1,500 fr. Les encoignures sont occupées par des apparences d'étagères surchargées de porcelaines chinoises et de bibelots du plus grand prix.

Une belle draperie à crépines d'or, dessinée sur la porte du fond et à demi-relevée, donne passage à un ambassadeur en grand costume, respectueusement incliné et tenant à la main une lettre de créance de son gouvernement.

Nous sommes heureux de penser que malgré le traité si savamment rédigé par M. Boulé, et qui lui donne le droit de remercier son rédacteur chaque matin, il ne se livrerait pas à une telle orgie de dépenses s'il n'avait pas l'intention formelle de conserver longtemps son rédacteur en chef pour la grande joie du *Figaro* et l'admiration quotidienne des lecteurs du *Messager*.

Nous en étions là, lorsque nous avons reçu la lettre suivante de notre collaborateur Jean Rousseau :

» Messieurs Pierre et Jean,

N'êtes-vous entrés au *Figaro* que pour me couper l'herbe de la nouvelle à la main sous le pied? Vous me prenez tantôt le mot de celui-ci, tantôt le pataquès de celui-là ; de quoi voulez-vous donc que je vive? Que vous m'enleviez M. Sarcey (de Gouttières), passe encore ; on ne perd pas une partie faute d'un *pion*. Mais au moins donnez-moi autre chose.

» Allons ! un peu de charité, une fois par exception, et faisons un échange. Je vous abandonne M. Sarcey; voulez-vous me céder M. Doinet ?

» A vous,

« JEAN ROUSSEAU. »

Accordé.

Mais n'oubliez jamais, Jean Rousseau, que nous ne saurions vous donner une plus grande preuve de notre amitié et de notre abnégation.

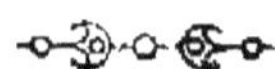

11 février. — Que n'a-t-on pas dit et écrit ces jours derniers, à Paris et à Bruxelles , au sujet d'une prétendue acquisition du *Journal des Débats* par M. Michel Chevalier, commandité par M. Péreire ? Le *Nord* et l'*Indépendance*

ont, à ce propos, bavardé comme deux pies borgnes, et Paul d'Ivoi (c'était son devoir de chroniqueur) s'est distingué des premiers dans cette symphonie d'inventions, d'imaginations et d'hypothèses.

— Les *Débats* ont été payés deux millions, disait l'un.

— Deux millions quatre cent mille francs, disait l'autre.

— Le traité a été signé à neuf heures trois quarts, avec une plume de fer.

— Vous vous trompez : c'était avec une plume d'oie, et à dix heures et demie.

— M. Bertin a embrassé M. Chevalier.

— Tout au contraire, c'est M. Chevalier qui a embrassé M. Bertin.

— La vérité est qu'il n'y a eu ni plume d'oie ni plume de fer, que personne n'a embrassé personne, et que l'un n'a point songé à acheter une propriété que l'autre ne songe point à vendre.

3

A cela près, tout est rigoureusement vrai dans cette nouvelle, pondue on ne sait où, couvée on ne sait par qui, éclose on ne sait comment.

Ceux qui ont ajouté foi à ce canard ne connaissent pas l'organisation intérieure des *Débats*. Puisque l'occasion s'en présente, entrons dans quelques détails qui ne sont pas dépourvus d'intérêt.

— Le journal est divisé en sept parts qui ne sont pas cotées à un prix déterminé. Elles valent plus ou moins, selon ce qu'elles rapportent. Aucun propriétaire de part ne peut s'en dessaisir avant de l'avoir offerte à ses copropriétaires, et ce serait seulement en cas de refus qu'il aurait le droit de céder sa part à un étranger.

Pour que la vente des *Débats* pût s'effectuer, il faudrait donc que les propriétaires fussent tous réunis et tous d'accord. Les parts sont ainsi divisées :

M. Russel, capitaine de frégate actuellement en mission, une part ;

M. Laborie, une part ;

M. Edouard Bertin, directeur-gérant du journal, une part ;

Le général Bertin, commandant le département de Seine-et-Oise, une part ;

M. Lenormand, libraire-imprimeur, une part ;

La sixième et la septième parts appartiennent par fractions aux deux gendres de feu M. Bertin, M. Baps, fils aîné du joaillier de la rue Basse-du-Rempart, M. Léon Say, fils de l'économiste Horace Say, et à divers autres héritiers.

— Les grands journaux de Paris n'ont de bénéfices nets que sur le produit des annonces, et quelques-uns même perdent sur le prix de leur abonnement. Le *Journal des Débats* est le seul qui bénéficie sur ses abonnés ; aussi rapporte-t-il en moyenne de trois à quatre cent mille francs, soit un peu plus de cinquante mille francs pour chaque part. L'an passé, elles ont rapporté cinquante-sept mille francs.

La *Silhouette* rapportait peut-être un peu moins, — ce qui explique pourquoi elle a cessé de paraître après le neuvième numéro et pourquoi *Figaro* sert ses innombrables abonnés.—Total, 69 !

— Jacques Offenbach vient de recevoir ses lettres de grande naturalisation.

Désormais il a le droit de se faire nommer député au corps législatif.

Espérons qu'il n'en abusera pas.

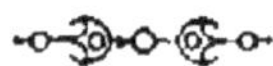

12 février. — Un monsieur qui ne devrait jamais flâner du côté de la justice, est venu nous menacer aujourd'hui et nous demander l'acte de naissance de M. Jean. Nous l'avons condamné à un an de *Figaro* et il fera son temps. — Voilà un gaillard qui n'est pas blanc.

— Un homme d'esprit inconnu,

Qui n'a pas dit son nom et qu'on n'a pas revu,

appelle M. Richard Wagner *le compositeur noir*, sous le prétexte que sa musique guérit radicalement des *concerts*.

— M. le docteur Véron abandonne
l'avant-scène du rez-de-chaussée, qu'il
occupait depuis plusieurs années à l'O-
péra-Comique, et dont le prix était de
7,000 fr. par an.

M. Véron retourne à l'Opéra, où, par
une faveur toute spéciale, on lui con-
cède, moyennant une redevance annuelle
de 5,000 fr., la loge n° 2, placée sur la
scène et qui fait face à celle de M. le directeur.

La concession de cette loge, qui ne
s'est jamais louée, a été une vraie affaire
d'Etat, et l'intervention toute-puissante
de la fameuse Sophie Maintenon, la sur-
intendante du docteur, n'est pas étrangère à l'heureuse conclusion des négo-
ciations diplomatiques entamées depuis
longtemps à ce sujet.

Une des clauses du cahier des charges
accepté par M. Véron interdit l'entrée

du n° 2 aux demoiselles du corps de ballet et aux dames des chœurs. Une exception est faite en faveur des premiers sujets. — Les rats murmurent, crient à l'injustice, au privilége, et se demandent à quoi sert d'avoir fait la révolution de 89 ? Et comme on voulait infliger un châtiment au docteur, un rat s'est écrié : « Il faut le *décravater*. »

— M. le vicomte Walsh, dont nous apprenons la mort, fut un des écrivains légitimistes les plus dévoués et les plus convaincus, homme du meilleur monde et le plus galant homme qui fût, ayant beaucoup vu et beaucoup retenu, causeur aimable et spirituel. Nous nous souvenons de lui avoir entendu raconter l'anecdote suivante :

C'était à Londres, au temps de l'émigration. Réunis par les mêmes sympathies et par la même misère, quelques Français vivaient dans la plus étroite intimité. On s'efforçait de gagner sa vie en fabriquant des chapeaux de paille et en confectionnant des boutons à cinq trous avec des os de gigot qu'on se procurait ailleurs que dans sa cuisine, et sur ce maigre salaire, chaque travailleur prélevait religieusement un sou par jour pour des messes commémoratives du 21 janvier.

— Je n'oserais affirmer, disait-il, que nos boutons fussent parfaitement polis; quant à nos chapeaux, ils ne faisaient pas une concurrence dangereuse aux fabriques d'Italie. Mais on était gai, de bonne compagnie, on se serait cru en plein faubourg Saint-Germain ; et si par hasard une des aristocratiques ouvrières laissait tomber un de ses ustensiles de travail, tous les fabricants de boutons se précipitaient à l'envi pour le ramasser. Cette misère intérieure n'était rien ; le moment cruel, c'est quand il nous fallait offrir notre marchandise en ville. J'étais le plus jeune, j'étais le plus insouciant, on m'avait désigné pour remplir les fonctions de commis-voyageur. J'ai vu la mort de près, je l'ai toujours bravée....

Eh bien ! vrai, mon cœur battait, mes jambes tremblaient lorsque ma main se posait sur le bouton de porte d'un magasin.

M. Walsh est mort à soixante-dix-neuf ans, avec la même gaîté dans l'esprit et la même foi dans le cœur.

⸺⸺⸺

13 février. — Le mot *bouig-bouig*, employé comme synonyme de petit théâtre, n'avait eu cours, jusqu'à présent, que dans le langage pittoresquement accentué des habitués du café du Cirque et du café Achille.

Bouig - bouig monte subitement en grade et reçoit un honneur inespéré, grâce à M. Théophile Gautier, qui lui donne l'hospitalité dans son feuilleton. (Voir le *Moniteur* de ce jour.)

« Ces tréteaux sans prétention, qu'on
» nomme des *bouigs-bouigs*, un nom
» peu académique, mais qui finira par
» prendre place au Dictionnaire, » écrit

sans se gêner l'auteur de la *Comédie de la mort*, en parlant des petites boîtes dramatiques de l'extrême boulevard ; et une prédiction si audacieuse provoque une stupéfaction mêlée d'horreur dans « le sein » de MM. Viennet, Empis, Lebrun, Pongerville et consorts.

— Notre ami Jules Moineaux, auteur des *Deux Aveugles*, assistait aujourd'hui à la 7e chambre de police correctionnelle : il nous transmet l'interrogatoire suivant :

M. LE PRÉSIDENT. — Accusé, quel est votre état ?

LE PRÉVENU. — Fabricant de bâtons de maréchaux de France.

Un éclat de rire retentit dans toute la salle. Le jeune vagabond conserve seul son sang-froid.

Il y a déjà un exemple d'une réponse à peu près semblable, qui a été faite à la 6e chambre. M. le président interrogeait un jeune voleur et lui demandait quelle était sa profession.

— Je vends des verres noircis pour voir les éclipses.

— Vous devez avoir une morte saison? lui répondit M. le président.

— *Figaro* a l'honneur de recevoir dans ses bureaux la visite de mademoiselle Marguerite la Huguenote, dite Rigolboche ; elle vient remercier les rédacteurs du ravissant costume de pierrette qu'ils lui ont offert, et promet qu'elle dansera avec la plus grande convenance.

— Mais non, mademoiselle, mais non! s'écrie en chœur tout le personnel de la rédaction.

On demandait à un bon bourgeois s'il connaissait mademoiselle Rigolboche.

— Mon Dieu non, répondit-il ; je vais si peu dans le monde.

14 février. — Inauguration de la maison romaine, construite dans l'avenue Montaigne par le prince Napoléon.

L'empereur et l'impératrice sont arrivés un peu avant neuf heures. L'impératrice était vêtue de noir, avec une grande quantité de riches dentelles ; elle était coiffée d'une torsade en velours où étincelaient des diamants. S. M. a adressé de chaleureux compliments à madame Madeleine Brohan, et s'est entretenue assez longtemps avec M. Emile de Girardin.

Parmi les invités, nous citerons MM. L. Havin et Edmond Texier, du *Siècle* ; M. Adolphe Guéroult, de l'*Opinion nationale* ; M. Paulin Limayrac, de la *Patrie* ; M. Emile Augier, M. Théophile Gautier (dont le prologue en vers est charmant), MM. Gervais de Caen et Ducoux, anciens préfets de police, et M. le docteur Yvan.

Après le spectacle, on a dansé jusqu'à trois heures du matin.

— Bal du *Figaro* au profit des détenus pour dettes ; 12,210 fr. de recette.

On rigolboche jusqu'à six heures du matin. Il n'est guère possible d'entrer ; mais il est complétement impossible de s'en aller.

Il y a déjà des prisonniers sortis de Clichy ; nous ne sommes pas certains que tous les souscripteurs à notre bal soient encore sortis du Casino.

— La vente des tableaux de lord Seymour, commencée le 13, s'achève de la manière la plus brillante.

Cette collection de dessins et de tableaux, qui n'a pas coûté soixante-dix mille francs à lord Seymour, a produit dans les deux vacations la somme de deux cent vingt-trois mille francs, et encore lord Seymour en avait détaché cinq toiles célèbres, qu'il a léguées par son testament, et qui se fussent vendues au moins cent mille francs.

Parmi les ouvrages qui se sont le mieux vendus, il faut citer un dessin de Decamps, 16,000 fr., et un tableau de Bonington, 49,000 fr., vendu 600 fr.

par l'artiste. — C'est décidément une bonne spéculation que d'acheter des tableaux.

15 février. — La scène suivante a eu lieu aujourd'hui aux Tuileries, et nous est racontée par M. Ir., témoin oculaire.

Un factionnaire laisse passer une voiture particulière sous l'arc de triomphe du Carrousel, privilége exclusivement réservé aux voitures de LL. MM. Impériales. Pour ce fait, le factionnaire est vivement admonesté par l'officier de service et encourt huit jours de punition.

Cette scène provoque une certaine rumeur ; le prince impérial, placé à une des fenêtres du palais, demande ce qui se passe. On le lui raconte ; et comme il plaint le soldat puni, on lui explique que le premier devoir d'un factionnaire est de faire respecter sa consigne, et que sans discipline il n'y a pas d'armée possible.

Une heure après, au moment où le prince allait partir pour sa promenade quotidienne au bois de Boulogne, il reconnaît l'officier qui a infligé la punition. Il s'avance vers lui, et lui prenant affectueusement la main, demande la grâce du pauvre diable de soldat.

Inutile de dire que le factionnaire n'a pas eu moins à se louer que le *Figaro*, il y a quatre ans, de l'intervention toute puissante du jeune prince impérial.

— M. Mirès n'ayant convié à son bal que des personnes qui ont un compte courant à la Banque, Jean a reçu une invitation, et Pierre a été oublié.— Trop malheureux Pierre ! trop fortuné Jean !

— Une des grandes capitales de l'Europe pourrait bien, d'ici à très peu de temps, être le théâtre d'un scandale qui ne serait pas mince.

Quatre gentilshommes étrangers au

pays et pourvus de parchemins authen-
tiques, ont formé une association qui
leur a déjà donné de très beaux bénéfices.
Ces quatre messieurs, qui *tripotent le
carton* (dictionnaire de l'avenir) avec
une grande habileté, ont l'habileté plus
grande encore de ne jouer que contre
une cinquième personne choisie avec
une prudence et un discernement rares.

On cite une cinquième personne qui
a perdu 250,000 francs en plusieurs
séances et qui les a payés sans sourciller.
Une deuxième cinquième personne, après
avoir perdu 52,000 francs, et avant de
les payer, a jugé à propos de demander
au cadi des informations sur le compte
de ses adversaires. Les renseignements
obtenus lui ayant inspiré quelques doutes
sur la validité de la créance des quatre
gentilshommes, son frère lui a dit : « Si
tu ne payes pas, c'est moi qui payerai, »
et le dépouillé a payé.

Enfin une troisième cinquième personne, M. D..., a été allégée de
12,000 francs. Ce dernier crie comme

un aveugle auquel on a dérobé son bâton ;
et ses plaintes légitimes, nous écrit-on
de Pékin, ont éveillé l'attention du man-
darin de première classe qui remplit là-
bas des fonctions analogues à celles de
M. le Préfet de police à Paris.

— Dernier épisode de l'affaire de
madame Danican, née Rubenstein :

« Donnez-moi deux mots de l'écriture d'un
homme, et je me charge de le faire pendre. »
Cette petite sentence n'est-elle pas de vous,
mon cher Villemessant?
Je vous dis un beau jour : « J'ai appris
la nouvelle du prochain mariage de mademoiselle Rubenstein, et j'ajoute que mademoiselle Rubenstein a fait, à Hombourg, l'acquisition d'un chalet. »
Sur ces quelques mots dits sur l'air :
« Comment vous portez-vous? » vous brodez
tout un vaudeville ; puis, le nom de l'auteur
étant demandé, vous faites les trois saluts
d'usage et vous me nommez.
Permettez-moi de décliner cet honneur
immérité.

Et maintenant, faites-moi pendre, si vous pouvez.

En attendant, tout à vous — *Figaro* à part.

ANDRÉ DE GOY.

Nous avons promis à M. de Goy de ne faire suivre sa lettre que d'un seul mot. Le voici :

BANQUO !

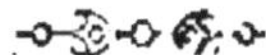

16 février. — Contrairement à ses habitudes et à ses traditions, qui sont de ne jamais prendre part à aucune souscription publique en qualité de corps constitué, l'Académie française, dans sa séance de ce jour et sur la proposition de M. Scribe, vote une somme de deux mille francs en faveur de la petite-fille de Racine.

L'Académie s'est partagée en deux camps sur cette question, et peu s'en est fallu que les *souscriptionnistes* n'aient

4

été battus par les *anti-souscriptionnistes* le principe de la souscription n'ayant été voté qu'à une majorité de deux voix.

La séance a été chaude. M. Scribe a trouvé dans M. Ernest Legouvé un allié fidèle et valeureux. Le résultat obtenu, grâce à leur double concours, est assurément un des actes de leur collaboration les plus dignes d'éloge.

— On assure que M. Taconnet, propriétaire du journal l'*Univers*, aurait sollicité et obtenu de faire paraître une nouvelle feuille politique ayant pour titre Le Monde. Les anciens rédacteurs rentreraient dans la nouvelle combinaison, à l'exception de M. Louis Veuillot, qui renonce momentanément à la carrière d'écrivain, et qui a pris possession de sa nouvelle fonction d'administrateur des chemins de fer romains.

— Le procès intenté par le *Siècle*, à Mgr Dupanloup sera appelé le **2 mars.** M. Havin s'était empressé d'aller récla-

mer l'assistance de M⁰ Dufaure, mais ce
dernier lui a annoncé qu'il avait été de-
vancé par son adversaire, qui l'a chargé
de sa défense par dépèche télégraphique.

Mgr Dupanloup a pour avocats :

M⁰ Dufaure et M⁰ Berryer.

Les avocats de M. Havin sont :

M⁰ Jules Favre et M⁰ Senard.

Avec quatre ténors de cette force, on
délivrerait tout Clichy si l'on pouvait
faire payer les billets et transformer la
salle d'audience en salle de concert.

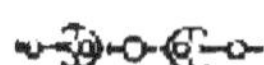

17 février. — Les millions s'a-
musent. On a dansé avant-hier chez
M. Emile Péreire ; on dansera ce soir
chez M. Mirès.

18 février. — Ainsi que nous le
faisions pressentir, M. Taconnet a obtenu l'autorisation de publier un journal

quotidien, politique, et le *Monde* s'est élevé sur les ruines de l'*Univers*.

MM. Louis et Eugène Veuillot n'appartiennent pas à la rédaction de ce nouveau *Monde*. Tant pis pour M. Taconnet. Son journal ressemblera à une omelette sans eux.

— Notre confrère M. Louis Figuier, le savant rédacteur de la *Presse*, l'auteur de l'*Histoire du merveilleux dans les temps modernes*, a donné hier au soir un bal costumé. Le travestissement était rigoureusement obligatoire.

On n'a fait d'exception qu'en faveur de M. Champfleury.

Attendu que le peintre breveté des chiffonniers s'est présenté en habit noir tout neuf, chaussé d'escarpins vernis et de bas de soie, cravaté de blanc, soigneusement ganté, les cheveux frisés, couvert d'aromates et de parfums, on a été unanime à déclarer qu'il était suffisamment déguisé comme cela, et on lui a permis de circuler dans le bal.

Personne ne l'a reconnu.

— Les spectateurs qui ont assisté ce soir à la représentation du *Père prodigue* ont été agréablement surpris de la brièveté des entr'actes, et il leur a paru, en outre, que les artistes de M. Montigny prenaient moins de *temps* qu'aux représentations précédentes.

C'est qu'on avait hâte de renvoyer M. le public, afin de commencer la petite fête que s'offraient eux-mêmes les acteurs du Gymnase et les auteurs habituels de la maison.

Le premier prix de gaieté a été décerné à M. Alexandre Dumas fils, déguisé en bébé, et le deuxième à M. Lambert Thiboust, déguisé en... on n'a jamais pu savoir.

L'auteur du *Père prodigue* a retrouvé la verve élastique de ses vingt ans, et s'est livré à des « cavalier seul » de la plus haute fantaisie. Madame Chéri-Lesueur s'en est même offusquée et lui a adressé quelques remontrances. M. Alex.

Dumas lui a répondu un mot poli, et la discussion a été *closet.*

Madame Rose Chéri était en paysanne très coquette ; mademoiselle Delaporte, en paysanne Louis XIV ; mesdames Chéri-Lesueur, Suzanne Lagier et Antonine, en Italiennes; mademoiselle Francine Cellier, en paysanne coquette ; madame Laurent Desrieux, en simple paysanne ; madame Desclée, en vivandière des zouaves; mademoiselle Victoria, en Espagnole ; madame Delval, en Cracovienne, etc., etc.

Le grave M. Montigny lui-même avait endossé une blouse bleue, et s'était coiffé d'un bonnet de peintre en bâtiment.

Une des célébrités de l'homéopathie, le docteur Cabarrus, est venu en habit noir.

— Mais vous n'êtes pas déguisé, lui a-t-on dit.

— Je vous demande pardon. a-t-il répondu. Je suis en allopathe, — pour ce soir seulement.

19 février. — Deux écrivains sont chargés alternativement de la rédaction du bulletin politique au *Journal des Débats*, MM. Louis Alloury et Prévost-Paradol.

Lecteur assidu de la prose de ces deux messieurs, je me demande pourquoi ils ne signeraient pas, à l'avenir :

LOUIS ALLOURDY,
PRÉVOST-PARADOXE

— Nous apprenons que, en récompense des services rendus par ses écrits à la cause italienne, notre ami Alphonse Karr vient d'être nommé, par S. M. le roi de Piémont, chevalier de l'ordre des Saints-Maurice et Lazare.

— Merci, mon Dieu ! s'est écrié M. Henri d'Audigier ; enfin, me voilà le confrère de Karr.

— J'ouvre le dictionnaire et je vois que ces mots : « à perpétuité » sont synonymes de : « pour toujours. »

En ce cas, pourquoi placarde-t-on sur

les murs des affiches blanches, concernant les cimetières de Paris, sur lesquelles on lit ces mots en lettres grasses :

REPRISE DES TERRAINS

CONCÉDÉS A PERPÉTUITÉ.

En serait-il donc de la perpétuité au Père Lachaise comme de l'immortalité à l'Académie? Ne serait-elle que temporaire?

— Le dimanche gras, à Paris, est universellement consacré au plaisir et à la ripaille. Il y a ce soir 74 grands bals, 458 grandes soirées, 1,822 petites soirées et 4,943 soirées intimes. On ne compte pas moins de 1,165 grands dîners et de 12,718 dîners sans prétention. On soupe un peu partout.

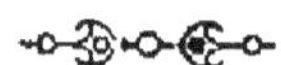

20 février. — On ne saurait recommander trop instamment aux personnes qui meurent à Paris, de faire en sorte que leur enterrement ait lieu par une belle journée. Tel qui eût été accompagné au cimetière par des centaines d'amis affligés, avec un ciel bleu et un radieux soleil, risque fort d'arriver seul à sa demeure dernière, pour peu qu'il neige, qu'il pleuve ou que le thermomètre marque cinq degrés au-dessous de zéro.

Faute d'avoir pris suffisamment ses précautions à cet égard, un utile, un modeste et zélé pensionnaire de la Comédie-Française, Fonta, l'homme du monde dans le sein duquel les héros de Corneille et de Racine ont déposé le plus de confidences tragiques, n'a pas eu les honneurs d'un cortége aussi nombreux qu'on était en droit de l'espérer.

Il est venu, à vrai dire, assez de monde à l'église Saint-Roch; mais, attendu qu'il pleuvait, bien peu sont allés jusqu'au cimetière Montmartre. A chaque coin de rue, des groupes se détachaient, et la petite colonne diminuait à vue d'œil.

S'il y a eu des déserteurs parmi les officiers et les soldats, le général est resté fidèle à son poste jusqu'à la fin, et il ne s'est éloigné qu'après avoir pro· noncé quelques paroles émues sur la fosse du défunt.

C'est là une bonne leçon donnée par M. Edouard Thierry à tous ceux qui ont eu peur de s'enrhumer du cerveau.

—Nous disions il y a huit jours : « La vengeance est un mets qui doit être mangé froid. » C'est aussi la manière de voir de M. Sainte-Beuve. Attaqué avec vigueur, et de plusieurs côtés à la fois, à propos du patronage qu'il donna, lors de son apparition, à *Fanny*, le roman fortement poivré de M. Ernest Feydeau, l'auteur des *Causeries du lundi* a employé deux années à préparer sa vengeance, à l'assaisonner, à la faire mijoter et à la laisser refroidir.

C'est ce matin seulement que le plat de M. Sainte-Beuve a été servi sur la table officielle du *Moniteur*, et la publication de cet article est la grande émotion littéraire de la journée. Sous ce titre : *Correspondance littéraire*, le petit Père-Sournois de l'Académie française dédie aux critiques dont il a eu à se plaindre un gâteau à l'arsenic, qui a l'air d'arriver* en droite ligne des forges du Glandier.

J'ai aperçu MM. Cousin, Armand du Pontmartin et Hippolyte Babou. Ils n'ont pas encore eu le temps de digérer le gâteau froid de M. Sainte-Beuve, et déjà ils se frottent le ventre et courent éperdus par la ville, en proie aux plus atroces coliques.

L'état de ces trois messieurs inspire de vives inquiétudes ; cependant, la justice n'informe pas.

21 février. — M. de Galiffet, capitaine au 2ᵉ régiment de spahis, l'adversaire du brave et honorable comte

de Lauriston, est nommé officier d'or-
donnance de l'empereur.

— Le bœuf gras et son cortége my-
thologique nous font l'honneur de défiler
sous nos fenêtres.

Il neige. Le Temps se mouche dans un
mouchoir à carreaux rouges. L'Amour
s'abrite sous un parapluie. Afin de se
réchauffer, Vénus boit un petit verre
d'eau-de-vie. Mercure fume une pipe
culottée. — C'est l'Olympe comme Dau-
mier l'a rêvé, et tel qu'il nous le montra
jadis à la troisième page du *Charivari.*

Depuis ce matin, les quatre héritiers
présomptifs de notre portière soufflent
à pleines joues dans des cornets à bou-
quin, et divers laquais de bonne maison,
embusqués dans l'entresol d'un mar-
chand de vins, assourdissent le quartier
avec leurs enragées trompes de chasse.
Impossible de s'amuser plus bruyamment
et plus bêtement.

En voyant passer le bœuf gras et en
songeant à sa fin prochaine, nous nous

sentons émus d'une tendre compassion. Cette sentimentalité idiote est promptement vaincue par une pensée grande comme le monde, à savoir que, si l'on ne tuait pas les bœufs, il serait difficile de manger des entre-côtes.

— A l'Opéra, dernier bal de la saison. La jambe droite de mademoiselle Rigolboche s'élève à une hauteur inaccoutumée dans l'estime des amateurs. On signale plusieurs désertions regrettables parmi les habitués les plus assidus et les plus fêtés du couloir des premières loges.

PREMIER DOMINO. — Où est Paul de Saint-Victor?

DEUXIÈME DOMINO. — Où est Hector Crémieux?

TROISIÈME DOMINO. — Où est Edouard Martin?

QUATRIÈME DOMINO. — Où est Simon Goudchaux?

Afin de combler tant de vides cruels,

Gustave Claudin, Xavier Aubryet, Mario Uchard et quelques autres se multiplient avec la plus noble ardeur et parviennent, — rare triomphe! — à faire oublier les absents.

A cinq heures du matin, on ne trouverait plus à se placer dans aucun restaurant du voisinage. Trois mille personnes mangent des poulets froids à l'huile et au vinaigre; car, n'en déplaise aux historiens, manger du poulet froid à l'huile et au vinaigre, à l'heure où les honnêtes gens ronflent sur l'oreiller de la vertu, c'est le seul plaisir réel du carnaval, et les jours gras n'ont pas été inventés pour autre chose.

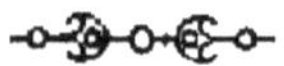

22 février. — C'est le jour des Cendres, le jour sérieux et solennel où l'homme se souvient qu'il n'est **que** poussière et qu'il retournera en poussière.

Nous souhaitons que cette salutaire

pensée vienne de temps en temps, du-
rant le reste de l'année, à l'esprit

    des comédiens,
    des chanteurs,
    des pianistes,
    des hommes de lettres,
    des millionnaires de la veille,
    des éditeurs enrichis,
    des demoiselles entretenues,
    des peintres,
    des musiciens,
    des directeurs de théâtres,
de tous ceux, en un mot, qui, 364 jours
par an, sont enclins à pécher par ex-
cès d'immodestie et qui font trop de
poussière.

— Nous nous étions promis de ne
point parler d'une rencontre qui a eu
lieu avant-hier à Chantilly entre deux
hommes du monde ; mais le *Sport*, paru
ce matin, étant entré dans quelques détails relatifs à ce duel, nous ne pouvons
nous dispenser d'en faire mention.

Il n'est que trop vrai qu'un des deux

adversaires a reçu un coup d'épée qui l'a traversé de part en part. Quant aux motifs de la rencontre, nous ne nous croyons pas le droit de les indiquer ici.

— Jacques Offenbach vient de signer un engagement qui est un coup de maître. Mademoiselle Juliette Beau (ses amis l'appellent plus familièrement Juliette la Marseillaise) fait désormais partie du personnel des Bouffes Parisiens.

Mademoiselle Juliette Beau n'était connue jusqu'à présent que comme une des plus jolies blondes qui soient et aient été. On vantait ses yeux bleus, on admirait ses cheveux blonds si pittoresquement ébouriffés. On ne tardera pas, paraît-il, à admirer sa voix agile et sympathique, à vanter son gracieux talent de comédienne.

Mademoiselle Juliette débutera dans une idylle décolletée, intitulée : *Daphnis et Chloé*. — Ce soir-là, toute la salle chantera la Marseillaise.

— Ne sortons pas du théâtre d'Offenbach sans dédier trois lignes à M. Jules Moineaux, un auteur qui a plusieurs pièces amusantes au répertoire.

Quelqu'un lui demanda :

— Quand nous ferez-vous un pendant à vos *Deux Aveugles?*

A quoi M. Moineaux répondit sérieusement :

— Mon ami Molière n'a fait qu'un seul *Tartufe.*

23 février. — L'auteur de la *Tireuse de cartes* envoie à chaque artiste qui lui a créé un rôle un exemplaire de sa pièce magnifiquement relié, avec un mot « bien senti » sur la première page du volume.

Voici le mot bien senti que M. Victor Séjour a écrit sur l'exemplaire destiné à la duchesse de Lamellini (et non de Chamellini, comme il est dit à tort dans la parodie des Bouffes).

« *A mademoiselle Suzanne Lagier, bon cœur, mauvaise tête et beaucoup de talent.*

» VICTOR SÉJOUR. »

— Le spirituel directeur de l'Opéra-Comique marche d'un pas résolu dans la voie économique où il est entré depuis un mois, pour la plus grande satisfaction de ses commanditaires.

Il a remercié le petit Trianon ; il a rompu avec Jourdan ; il se pourrait bien qu'il rompît avec M. et madame Faure ; il songe à rogner les feux de madame Cabel. Pour arriver à la diminution de son budget, il franchira tous les obstacles. Que dis-je ? il n'en connaît pas, il est le Gusman de l'économie.

Si j'étais à la place de M. Nestor Roqueplan, j'éteindrais mon lustre. C'est là une bonne, une vraie économie, en ce sens qu'elle se reproduit chaque jour, ou plutôt chaque soir. — Ma salle ne serait éclairée que par les feux de la rampe. Les personnes qui se plaindraient de l'obscurité seraient libres d'apporter des lanternes de couleur, ce qui produirait une illumination chinoise de l'effet le plus pittoresque.

— Trente journalistes français et anglais s'asseoient à la même table et choquent fraternellement leurs verres dans le grand salon de Véfour. L'amphitryon est M. Delaporte, le généralissime des orphéons de France, lequel prépare en ce moment une descente sur les côtes d'Angleterre ; — une descente d'orphéonistes, s'entend.

Trois mille orphéonistes français iront chanter, au mois de juin prochain, dans le palais de Sydenham. Au nom de leurs compatriotes, nos confrères anglais promettent un bon accueil à ces missionnaires de l'art.

Banquet charmant et tout à fait cordial. Au dessert, toasts, discours et chansons très applaudis. Tandis qu'on prend le café et qu'on fume des cigares (insuffisamment secs, messieurs Tavernier, successeurs de Véfour), un compositeur de beaucoup de talent, M. Camille de Voss, se met au piano et accompagne M. Auguste Luchet, qui a l'heureuse pensée d'entonner de sa voix puissante le *God save the Queen*, au milieu de l'émotion recueillie de nos collègues d'outre-Manche.

Une grande partie de la presse avait été invitée par M. Delaporte. Beaucoup se sont excusés pour cause de carnaval infiniment trop prolongé. Ceux qui sont venus sont-ils plus vertueux ou plus robustes que les autres? *Chi lo sa?* Ce sont MM. Léon Plée, Emile de Labédollière, Boniface-Demaret, Auguste Luchet, Gustave Héquet, Vaudin, Jules Mahias, Charles Desolme, Albéric Second, Achille Denis, Albert de la Fizelière, Sylvain Saint-Etienne, etc., etc.

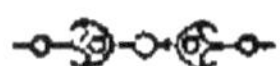

24 février. — Nous parlions dernièrement d'une société de princes russes et polonais, « *qui tous connaissent le pont d'Avignon*, » et qui exercent leur industrie dans une grande capitale. Nous racontions qu'une victime avait perdu cinquante-deux mille francs

Le chiffre ,énoncé par nous était inexact; voici de nouveaux détails :

Le pigeon, qui cependant n'est pas facile à plumer, perdait trente-cinq mille francs au lansquenet lorsqu'il conçut quelques soupçons. C'est un homme loyal et qui, sous une apparence assez chétive, cache une grande force de caractère. Au risque de se faire jeter par la fenêtre (et la scène se passait à un troisième étage), il se leva et dit :

— Messieurs, je crois que les cartes ne sont pas régulières.

Soudain un des joueurs ouvre le tiroir de la table sur laquelle on joue, et ramenant rapidement avec ses deux mains toutes les cartes qui encombrent le tapis, il les engloutit dans le tiroir, en retire la clef, et, la présentant au réclamant, il dit avec un grand sang-froid :

— Messieurs, il faut prendre d'autres cartes, et nous compterons après celles que je viens d'enfermer.

On comprend que les cartes qui complétaient les jeux se trouvaient dans le tiroir, et que la vérification tournait à l'avantage de la bande.

— On nous écrit de *Hombourg's-Tripott* : « La panique est dans cette pieuse communauté : les frères inspecteurs, croupiers, bouts de table, messieurs de la chambre et le préposé aux suicides lui-même sont en émoi. M. G..., dont nous racontions le duel il y a un mois, a enlevé à la banque 500,000 fr., il joue le maximum à chaque coup. Il avait reperdu 50,000 francs; mais il revient tout doucettement à son premier chiffre. M. le ministre plénipotentiaire près les jeux de Hombourg's-Tripott, qui est à Paris en ce moment, reçoit plusieurs dépêches par jour, elles sont ainsi conçues :

» M. G... a *rendu* à la banque 28,000 fr.

» M. G.. a *rendu* à la banque 15,000 fr. »

Ce mot *rendu* est tout un enseignement. La banque est tellement convaincue qu'elle ne doit jamais perdre, qu'elle considère les sommes qu'on lui gagne comme un simple emprunt. Nous ne comprenons pas comment l'honorable M. Blanc, qui est un célèbre voyageur, reste à Paris pendant ce désastre ; il est d'habitude dans les théâtres lyriques que lors d'une partition importante , les musiciens soient conduits par le premier chef d'orchestre. La vie de M. Blanc a été une chance continuelle ; il passe pour posséder de la corde de *ses* pendus, et nous mettrions volontiers *cinquinte* centimes dans son jeu, s'il voulait bien tailler quelques banques. Allons, monsieur le ministre plénipotentiaire près les jeux de Hombourg's-Tripott, prouvez à vos actionnaires consternés que vous êtes toujours le vrai, l'unique François Blanc, le Listz des tailleurs.

Faites votre jeu, messieurs ; le jeu est fait, rien ne va plus ; *un...* après !

— Depuis nombre d'années, — autant dire depuis le passage de M. Cousin au ministère de l'instruction publique, madame Louise Collet, née Révoil, touchait une pension sur les fonds alloués à l'encouragement des lettres.

On nous assure que la pension de madame Louise Collet vient d'être supprimée, et que c'est l'affligeant succès de scandale obtenu par son dernier roman (*Lui*, un vrai chef-d'œuvre d'inconvenance) qui a motivé cette mesure de rigueur.

Cela étant, on peut dire de la décision ministérielle ce que Nadar a dit du chef d'institution Pet-de-Loup : «Sévère, — mais juste. »

—Mademoiselle Lucile Durand, artiste du théâtre des Variétés, se dispose à déménager, et, attendu qu'elle achète un lit neuf pour son nouvel appartement, elle met son ancien lit en loterie.

Le prix de chaque billet est de vingt francs, et il en a été émis cent vingt-cinq.

Les vingt-cinq premiers sont réservés à un ex-agréé toujours très agréable.

Ah! mademoiselle! se défaire d'un meuble si beau, le lit de ses pères, une relique... ingrate!

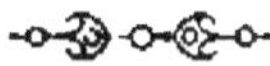

25 février. — Une trombe de la plus extrême violence se déchaîne sur Paris, déracinant les arbres, décrochant les enseignes, tordant les tuyaux de poêle et renversant les cheminées.

Des accidents nombreux ont eu lieu pendant cette tourmente inouïe.

On nous signale les suivants :

La Pénélope normande a disparu de l'affiche du Vaudeville ;

Divers acheteurs de rente ont disparu de la Bourse ;

M. Henry Mürger a perdu son avant-dernière mèche de cheveux, et le jeune M. Jules Prével sa dernière illusion ;

M. Champfleury, qui portait sous son bras le manuscrit d'un roman inédit, a ou la douleur de voir ses feuillets, dispersés par la rafale, s'éparpiller dans un ruisseau fangeux. (En ce moment, un orgue de Barbarie jouait l'air de Bérat : « *Je vais revoir ma Normandie.* »)

Léotard fils a été enlevé — par une anglaise.

M. Edmond About a reçu une tuile sur la tête.

C'est la deuxième depuis le commencement de l'année.

— Assez durement malmené par M. Sainte-Beuve, dans sa lettre « à M. le directeur du *Moniteur*, » M. Armand de Pontmartin riposte vertement dans le feuilleton de *l'Union*, et la galerie qui assiste à ce duel littéraire ferait volontiers *ksss! ksss!* — n'était le respect que lui inspirent les deux paladins.

— On apprend à Paris la mort subite de M. Alexandre Aumont, un de nos principaux éleveurs, une des célébrités du sport français,

Le plus illustre sportman de notre

Pays (journal de l'empire), M. Auguste Supersac, déclare qu'il portera le deuil pendant un mois ; quinze jours de grand deuil et quinze jours de petit deuil.

Ses salons ne se rouvriront que le 1ᵉʳ avril.

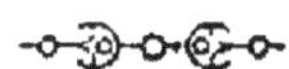

26 février. — Nous lisons dans plusieurs journaux que M. Hippolyte Lucas est nommé *surnuméraire* à la bibliothèque de l'Arsenal, et cette nouvelle confond toutes les notions que nous pensions avoir touchant l'âge exact de notre excellent confrère.

Les mêmes journaux nous apprendront sans doute demain matin que M. Nestor Roqueplan vient de tirer à la conscription ;

Que M. Duponchel va faire sa première communion ;

Que les parents de M. H. de Saint-Georges songent à le faire vacciner ;

Que M. Viennet est entré à l'École-

Polytechnique après un brillant examen;

Que la mère de M. Villemain sollicite en faveur de cet intéressant jeune homme une bourse au lycée Louis-le-Grand;

Et que feu Mathusalem a été condamné par la sixième chambre à rester enfermé dans une maison de correction jusqu'à l'âge de vingt-un ans accomplis.

— Il nous est permis de jeter un coup d'œil sur la deuxième liste de la souscription Trochu, qui ne sera publiée que dans trois ou quatre jours. Le montant des sommes encaissées au nom de l'arrière-petite-fille de Jean Racine s'élève aujourd'hui à **31,092** francs. Dans ce total la nouvelle liste figure pour **7,312** francs.

M. Paul de Kock a souscrit pour **5 fr.**

— Je dois bien ça à un confrère, a dit, en déposant son offrande, l'auteur de l'*Homme aux trois culottes* et de la *Pucelle de Belleville*.

Une autre arrière-petite-fille de Racine, mademoiselle Amélie Bajat, est inscrite pour 50 francs.

Les vaudevillistes ont répondu avec un louable empressement à l'appel de M. Mélesville. Dans la liste n° 2, on remarque les noms de MM. Carmouche, Biéville, Édouard Martin, Delacour, Auguste Joltrois, Lafargue, Charles Potron, Eugène Nyon, Jules Renard, Cormon et Benjamin Antier. — Rien encore de Siraudin.

Alphonse Karr a payé sa bienvenue dans la société des auteurs dramatiques par un don de 25 fr. ; Octave Feuillet a versé 50 fr. ; Léon Laya, 30 fr. Il faut citer aussi MM. Anicet Bourgeois, Charles Lafont, Ernest Serret, Eugène Wœstyn, Frédéric Béchard, Alexandre Dumas fils, Saintine, Devicque, Pitre-Chevalier, de la Landelle et Ferdinand Dugué ;

Plus, deux musiciens, MM. Adrien Boïeldieu et Varney ;

Un directeur de théâtre, M. Tom Harel, des Folies-Dramatiques ;

Et une seule tragédienne, mademoiselle Georges.

Deux souscriptions s'élèvent à mille francs, celle de M. le ministre de l'instruction publique et celle de M. le marquis de La Rochefoucault-Liancourt.

Enfin notre brave Porcher a souscrit pour 50 francs, ce qui est d'autant mieux de sa part qu'il n'a jamais fait une seule affaire avec l'arrière-grand-père de mademoiselle Noémi Trochu.

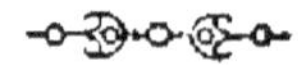

27 février. — Des personnes qui ont peut-être quelque intérêt à répandre ce bruit, insinuent que le privilége de M. Charles de la Rounat, directeur de l'Odéon, pourrait bien n'être pas renouvelé.

Tout aussitôt, deux cent soixante-dix-sept solliciteurs écrivent deux cent soixante-dix-sept pétitions, prennent deux cent soixante-dix-sept voitures et se dirigent vers le ministère d'Etat au grand trot de leurs deux cent soixante-dix-sept chevaux.

Depuis midi jusqu'à cinq heures, la place du Carrousel offre le spectacle d'une animation extraordinaire, et les portes du ministère d'État sont littéralement prises d'assaut.

M. Camille Doucet n'a que le temps de s'échapper par un couloir secret. M. Cabanis saute par la fenêtre de son cabinet qui, fort heureusement, donne sur la rue de Rivoli. Les huissiers de service prennent le parti de se barricader.

A onze heures du soir, trois concurrents se promènent encore sur le trottoir de la place du Carrousel. Il y a lieu de supposer qu'ils y passeront la nuit.

— Un petit proverbe à deux personnages, joué par mademoiselle Judith et par M. Édouard Thierry, a été représenté aujourd'hui par extraordinaire, et pour cette fois seulement, dans le cabinet de M. l'administrateur général du Théâtre-Français.

Attendu qu'on n'avait point fait le service des journaux, il nous serait difficile de rendre compte de ce proverbe. Nous savons seulement que l'action en est des plus vives, que le dialogue en est fort animé, et qu'il n'appartient en aucune façon à l'école dite « du marivaudage.»

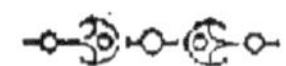

28 février. — Les habitants de la rue de Clichy observent depuis quelque temps un mouvement inaccoutumé aux alentours de la maison qui porte le numéro 23. Des messieurs en cravates blanches et en habits noirs bourdonnent et piétinent incessamment devant la porte, comme des abeilles auprès d'une ruche.

Le numéro 23 de la rue de Clichy est habité par l'honorable M. Mélesville, président de la commission des auteurs dramatiques, et tuteur de mademoiselle Noémi Trochu. Quant aux habits noirs et aux cravates blanches dont la présence est signalée, il couvrent le dos, elles ornent le cou des prétendants à la main de la petite-fille de R:cine.

On estime que la souscription ouverte en faveur de l'intéressante orpheline dépassera cent mille francs, ce qui explique pourquoi une foule de célibataires aspirent à l'honneur d'entrer dans la famille de l'auteur de *Phèdre* et de *Britannicus*.

Nous n'avons pas besoin d'ajouter que M. Mélesville accueille très poliment ces messieurs, qu'il les écoute très poliment et qu'il les éconduit très poliment.

— Le duel de Chantilly n'a pas eu les conséquences fatales qu'on a annoncées : il a eu lieu entre le marquis de Fremeur et M. de Redon. M. de Fremeur a reçu deux coups d'épée, mais celui qui devait être le plus dangereux s'est arrêté fort heureusement sur une côte.

— Lorsqu'on nous demande des billets de spectacle nous refusons impitoyablement; ce qui vient de se passer nous encouragera à persister dans cette louable coutume.

— Mademoiselle Lucile Durand place son dernier billet de loterie. Une petite lettre a été écrite à un agréé au sujet de ses vingt-cinq billets; elle est de la force de Paganini. Le tirage aura lieu incessamment. Nous ferons connaître le nom du mortel fortuné qui gagnera le lit de cette ingénieuse comédienne.   .

29 février. — Le secrétaire de la direction de l'Opéra, M. Nérée-Desarbres, reçoit la lettre suivante :

Mon cher Desarbres,

S'il y a moyen d'avoir une loge pour ce soir, dites-le moi, autrement j'irai trouver MM. Bis et Repetita, qui sauront bien me placer, puisqu'on dit : *Bis repetita placent.*

Tout à vous,

MARIE.

— Le directeur de l'Académie impériale donne un dîner qui réunit les auteurs de *Pierre de Médicis*, M. le prince Poniatowski et MM. de Saint Georges et Émilien Paccini ; le secrétaire de la direction, M. Nérée Desarbres (déjà nommé); le régisseur général du théâtre, M. Cormon; MM. Paul de Saint-Victor, Gustave Claudin et Gaston de Saint-Valry.

Tous les convives sont en appétit et en esprit. Dîner très gai. On s'amuse depuis le potage jusqu'aux cigares.

Vivement pressé par l'assistance, M. de Saint-Georges refuse de livrer le secret de son impérissable jeunesse.

— Une des plus charmantes femmes de Paris nous adresse la lettre suivante :

Monsieur,

J'ai pleuré en lisant votre journal : deux larmes valent bien deux louis. Veuillez les faire remettre à celui que le faubourg Saint-Antoine nomme le médecin des pauvres.

JEANNÉ DE TOURBEY.

— Le *Sièc'e* publiera prochainement les *Mémoires de Garibaldi*, écrits par lui-même avec la plume de M. Alexandre Dumas.

Nous apprenons que la jeune femme de l'illustre général vient de retourner chez son père. — Les lauriers ne préservent pas de la foudre.

— Ci-dessous une nouvelle que nous donnons les premiers et dont nous garantissons l'authenticité :

N. S. P. le pape a engagé M. Louis Veuillot à ne pas accepter les fonctions d'administrateur des chemins de fer romains, en lui faisant observer qu'il y avait des milliers d'administrateurs dans le *monde* et un seul Louis Veuillot dans l'*Univers*.

— La société dite des *Lapins* a été dissoute et reconstituée ; un grand scandale s'y était passé. Nous donnerons tous les détails de la séance orageuse de dissolution qui a eu lieu, portes fermées, dans la salle de billard d'un restaurant connu.

— Nous donnerons également quelques détails sur le salon d'une grande dame qui, depuis quelques mois, en fait trop dispendieusement les honneurs.

Rappelons à cette noble étrangère le vers bien connu : *Timeo Danaos.*

— Le spirituel directeur de l'Opéra-Comique fait de louables, de courageux efforts pour que la nouvelle cave de ses actionnaires dure le plus longtemps possible. Voici sa dernière économie : le contrôleur en chef du théâtre. M. Meyer, en activité de service depuis trente-quatre ans, est remplacé par le caissier de la maison qui cumulera à l'avenir les fonctions de contrôleur et de caissier. On aura pensé, sans doute avec raison, que les soins de sa caisse, quoique bien garnie, ne devaient pas l'absorber entièrement, et l'on songe à utiliser ses loisirs.

L'économie projetée à l'endroit **de** Faure et de sa femme ne sera pas réalisée. On voulait leur interdire le droit de signer un engagement avec le Théâtre-Lyrique, et en présence de cette clause les deux artistes ont refusé de résilier.

M. Nestor Roqueplan, qui est toujours en fonds et qui n'a besoin de recourir à la bourse de personne quand il s'agit d'esprit, définit ainsi son pensionnaire Faure : « C'est un cheval de course ; on lui met des genouillères ; on le promène aux Champs-Elysées pour bien prouver aux autres qu'on le possède, mais on ne peut se servir de lui ni pour le monter ni pour l'atteler. » Et il a ajouté dans sa moustache : « Je le réduirai à l'état de cheval de fiacre. »

Fectivement, comme disait ce pauvre

Sainville, fectivement Faure chante ce soir le *Chalet*, en premier. Il célébrera les beaux vallons de l'Helvétie, à 6 heures 45 minutes.

— La retraite de M. Louis Veuillot et l'apparition du *Monde*, continuation de l'*Univers*, ont inspiré au cardinal Antonelli ce joli mot :

« Voilà un journal qui renouvelle le miracle de Saint Denis : il marche sans sa tête. »

— M. Garcia, dont nous parlions dans notre avant-dernier numéro, n'a pas tout *rendu* à la banque de Hombourg's-Tripott ; il est revenu à Paris avec un gain de 400,000 francs. A cette occasion, M. Blanc et toute sa *banque* ont pris le deuil pour quinze jours. — On a dit que les actionnaires de ce pieux établissement avait l'intention d'*actionner* le fermier des jeux, sous prétexte que s'il se donnait la peine de conduire son orchestre lui-même, on n'aurait pas de semblables perte à déplorer. Nous espérons que ce bruit n'est pas fondé. Banquiers et banquistes finissent toujours par s'entendre.

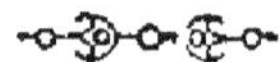

— On présentait ce matin une liste de souscription à M. le baron de Rothschild ; il s'inscrivit pour **1,000** francs. On lui fit observer que son fils avait été plus généreux que lui.

— Mon fils a eu raison, répondit le spirituel banquier, il a un père assez riche pour cela.

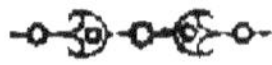

— A l'orcheste d'un théâtre qu'il est inutile de nommer :

Mademoiselle *Trois-Etoiles* est en scène et joue son rôle avec un redoublement de maniérisme et d'afféterie.

UN SPECTATEUR *à son voisin*. — Mon Dieu! monsieur, que cette actrice est donc insupportablement minaudière! Elle n'a rien de naturel.

LE VOISIN. — Je vous demande pardon monsieur; elle a son fils.

— M. Alexandre Dumas fils n'a jamais voulu se laisser photographier. Un de nos amis lui demandait la cause de cette répugnance.

— C'est par respect filial, répondit-il.

— Elle est forte, celle-là.

— Non, elle est bien simple : je pose, bien ! Je demande un certain nombre d'épreuves, très bien ! On me les donne au lieu de me les vendre, de mieux en mieux ! Mais le photographe garde le cliché et en tire Dieu sait combien pour rentrer dans ses avances; alors arrive le chaland :

— Combien le *petit* Dumas ?

— Cent sous.

— Cent sous ! Ah ! vous me donnerez bien le père par-dessus le marché !...

Quelques mots d'explication sur les deux autographes qui suivent.

La lettre de M. Mocquard est adressée à M. de Villemessant. En lisant les premiers mots : « *Mon ex-confrère,* » nos lecteurs se souviendront que, avant de devenir un homme politique, M. Mocquard fut un journaliste, — et des meilleurs.

La lettre de M. Louis Veuillot est adressée à M. Charles Braine , quelques jours après la mort du beau-père de ce dernier. Cette lettre, qui n'était pas destinée à la publicité , honore autant celui qui l'a écrite que la famille affligée qui l'a reçue.

PIERRE ET **JEAN.**

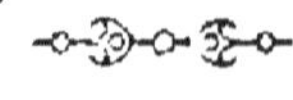

Mon ex - confrère

Comment ne serais-je pas content ? Très content même de ce souvenir bienveillant du passé et de cette appréciation indulgente du présent ? Vous avez voulu me traiter en enfant gâté : je vous remercie de tout mon cœur et doucement de mon affectueux

Morgnon

Paris imp, de Dubuisson, rue Coq-Héron, 5

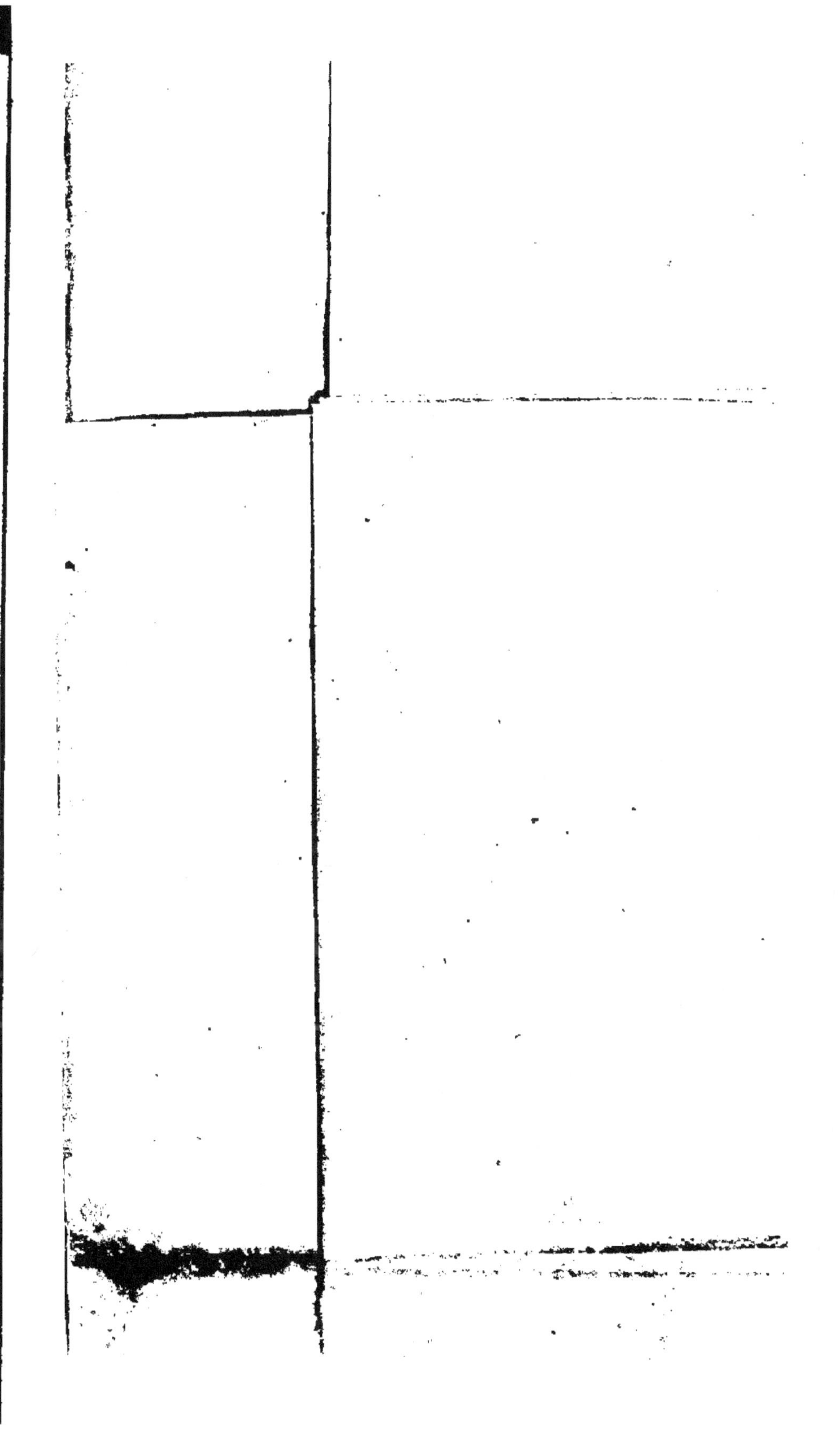

Monsieur

L'on m'a envoyé tardivement à la campa-
-gne la lettre que vous avez bien voulu m'écrire
à l'occasion de la mort de votre beau père Mr
Rivoire, mon excellent ami. J'en avais eu-
-prouvé par le journal, et j'avais regretté de ne
pas me trouver à Paris. C'eut été une consolation
pour moi de me joindre à ceux qui lui ont rendu
les derniers devoirs et de payer à sa mémoire un
juste tribut d'estime. Les détails que vous me
donnez ajoutent à mes regrets. Je suis fier de la
place que j'avais dans le cœur de cet homme de
bien. Nous nous connaissions depuis un quart
de siècle. Séparés par la distance, quelquefois par
les opinions ou plutôt par la manière de voir, nous
étions toujours rapprochés de cœur. Il m'en donna
un gage bien touchant cette année même

lorsque pouvant à peine se mouvoir, il
voulut pourtant, profitant d'un voyage
à Paris, venir me serrer la main. Sous la
fatigue du corps il avait conservé l'ardeur
du cœur et la fermeté de l'esprit. C'était
toujours le même courage, la même probité
de jugement et ce je ne sais quoi de plus tendre
qu'on retrouve dans les âmes de choix, lorsque
leur tranquillité naturelle se raffermit loin de
s'ébranler en regardant venir la mort. Je
l'embrassai avec le pressentiment de sa fin
prochaine, consolé cependant de le voir appuyé
par votre affection, et de voir à son langage
et à sa sérénité dans cette décadence de ses forces
qu'il n'avait pas ignoré le grand but de la
vie. Certes, monsieur, j'ai prié et je prie pour
lui, mais plein d'espérance, car le bien des âmes
droites et bonnes ne laisse pas perdre son œuvre
et rend à lui tout ce qui a cru et espéré en lui

J'ai vu que vous continuerez l'œuvre de votre père. Je n'ai pas à vous souhaiter les qualités qu'il y deployait : il vous a choisi parce qu'il les reconnaissait en vous, et il était son juge. Je vous prie de m'accorder quelque chose des sentiments qu'il m'avait gardés et que mon cœur ne cessera de lui rendre fidèlement.

J'ai l'honneur d'être, Monsieur
votre très humble et très obéissant
serviteur

Louis Veuillot

Bernay (cher)
31 août 1859

www.ingramcontent.com/pod-product-compliance
Lightning Source LLC
LaVergne TN
LVHW012213170726
843503LV00005B/2037